Contenido

Pregunta esencial	2
Lectura corta 1 Un recorrido por mi comunidad	4
Lectura corta 2 De cómo tía Lola vino (de visita) a quedarse	6
Lectura de estudio de palabras 1 El distrito de La Misión	10
Desarrolla, piensa, escribe	11
Lectura larga 1 Todo tipo de comunidades	12
Lectura de estudio de palabras 2 La casa de Levi Coffin	20
Desarrolla, piensa, escribe	21
Lectura larga 2 Cuando yo llegué	22
Lectura de estudio de palabras 3 El viento y las flores silvestres	30
Desarrolla, piensa, escribe	31
Desarrollo del idioma español	32
Apoyo para la conversación colaborativa	36
Qué significa cada palabra	Interior de contraportada

Las comunidades antes y ahora

pregunta esencial

¿Qué es una comunidad?

Textos *para* **la lectura atenta**™

Las comunidades antes y ahora

Las comunidades antes y ahora

Objetivos del estudiante

Seré capaz de:

- leer y analizar textos de ficción y no ficción narrativa sobre comunidades.
- Compartir ideas con mis compañeros.
- Ampliar mi conocimiento del vocabulario.
- Escribir textos informativos, narrativos y de opinión.

Consejos para hacer anotaciones en el texto

Mientras lees atentamente con diferentes propósitos, recuerda hacer anotaciones en el texto. Usa los siguientes símbolos y añade nuevos símbolos en el espacio proporcionado.

Símbolo	Propósito
subrayar	Identificar un detalle clave.
★	Marca con una estrella una idea importante en el margen.
① ② ③	Marca una secuencia de acontecimientos.
(magma)	Encierra en un círculo una palabra o frase.
?	Marca en el texto una pregunta que tengas sobre la información. Escribe tu pregunta en el margen.
!	Indica una idea en el texto que encuentres interesante. Comenta esta idea en el margen.

Tus anotaciones pueden parecerse a las que siguen.

Notas

Me gusta la manera en que Cenicienta se expresa.

② Luego, corrí a poner leña al fuego en sus habitaciones. No me habría dado cuenta de que se había acabado ! si no es porque los pies grandes y feos de mis hermanastras tocaron el piso frío. No había más leña en sus habitaciones. Tuve que correr al patio a recoger ramas y palos. Me corté los dedos con espinas ★ y se me enredaron zarzas en el pelo.

Me pregunto ¿por qué Cenicienta tolera a sus hermanastras?

③ Mi hermanastra mayor exigió huevos pasados por agua y la menor gritó que los quería a medio cocer. Volé a la cocina a prepararlos. ¡Trabajo (apurada) todo el día!

Créditos

Editores: Susana Tejedor, Angel A. Vidal
Director creativo: Laurie Berger
Diseñadores: Melody DeJesus, Kathryn DelVecchio-Kempa, Doug McGredy, Chris Moroch
Producción: Kosta Triantafillis
Director de fotografía: Doug Schneider
Ayudante de fotografía: Jackie Friedman

Photo credits: Cover, Back Cover: Jim West / Alamy; Table of Contents B, Page 19A: Associated Press; Page 2: Songquan Deng / Shutterstock.com; Page 3B: Library of Congress; Page 12A: Patrick Poendl / Shutterstock.com; Page 12BB: Rolf_52 / Shutterstock.com; Page 17: © John Fedele/Blend Images/Corbis

Illustrations: Ayesha Lopez: Pages 7–8; Frank Mayo: Pages 23–29

Permissions
Excerpt from *How Tia Lola Came To Visit Stay*. Copyright © 2001 by Julia Alvarez. Published by Dell Yearling and in hardcover by Alfred A. Knopf Children's Books, a division of Random House, New York. By permission of Susan Bergholz Literary Services, New York, NY and Lamy, NM. All rights reserved.

Excerpt from *Sarah Plain and Tall* copyright © 1985 by Patricia MacLachlan. Used by permission of HarperCollins Publishers

©2015 Benchmark Education Company, LLC. All rights reserved. No part of this publication may be reproduced or transmitted in any form or by any means, electronic or mechanical, including photocopy, recording, or any information storage and retrieval system, without permission in writing from the publisher.

ISBN: 978-1-5021-6780-4

Printed in Heyuan, China. 8716/19669/1122

LEXILE® is a trademark of MetaMetrics, Inc., and is registered in the United States and abroad.
E-book and digital teacher's guide available at benchmarkuniverse.com.

BENCHMARK EDUCATION COMPANY
145 Huguenot Street • New Rochelle, NY • 10801

Llamada gratuita al
1-877-236-2465
www.benchmarkeducation.com
www.benchmarkuniverse.com

3

Lectura corta 1

Recuerda hacer tus anotaciones mientras lees.

Notas

Un recorrido por mi comunidad

Lisa Benjamin

Al amanecer, mi pequeña ciudad comienza a despertar. Los 12,975 habitantes inician su día. Unos obreros restauran un viejo edificio en el centro de la ciudad. En alta mar, los pescadores pescan camarones. En todo St. Augustine, Florida, los trabajadores de los hoteles y restaurantes dan la bienvenida a turistas y a otros visitantes.

St. Augustine es una ciudad pequeña del nordeste de Florida.

1   Así es un día en mi comunidad. Una comunidad es cualquier lugar que la gente llama hogar. La mía está en la costa del océano Atlántico. Tenemos playas y humedales. Para ser diciembre, hace frío: 65 grados (lo sé, ¡soy afortunado!). Salió el sol. Tomaré fotografías de sitios atractivos de mi ciudad.

¡Algunas personas dicen que la playa es la mejor parte de la ciudad!

Ensayo personal

St. Augustine no solo es un hogar para la gente. ¡También viven lagartos en la zona!

2   Estoy orgulloso de mi ciudad. St. Augustine es la ciudad más antigua de Estados Unidos. Fue fundada en 1565 por el explorador español Pedro Menéndez de Avilés.

3   La historia es importante en mi comunidad. El gobierno cuida los edificios más antiguos. Llegan turistas a observarlos. Mantener edificios bien conservados permite que el pasado perdure y facilita hacer negocios.

Algunos edificios fueron construidos cuando los colonizadores españoles vivieron en la ciudad.

4   Al anochecer, termina otro día en St. Augustine. Me pregunto: ¿qué haré mañana?

Lectura corta 2

Recuerda hacer tus anotaciones mientras lees.

De cómo tía Lola vino (de visita) a quedarse

Julia Álvarez

Traducción de Liliana Valenzuela

Los padres de Miguel se han divorciado. Miguel tiene 10 años. Vive con su madre y Juanita, su hermana menor. Hace poco se han mudado de la ciudad de Nueva York a Vermont. Miguel siente que la vida en Vermont es muy diferente. Están esperando la visita de la tía Lola, que viene de la República Dominicana.

1 —¿Por qué mejor no le decimos sencillamente *aunt* Lola? —Miguel pregunta a mamá.

2 Mañana llega a visitarlos a su nueva casa en Vermont la tía de la República Dominicana. Esta noche están desempacando las últimas cajas con las cosas de la cocina antes de cenar.

3 —Porque no sabe inglés —explica mamá.

4 —En español *aunt* se dice "tía", ¿verdad, mami? —pregunta Juanita. Cuando mamá les da la espalda, Juanita le sonríe a Miguel con un aire de sabelotodo.

5 Mamá mira con tristeza el plato hondo azul que acaba de desempacar.

6 —¿Te das cuenta, Miguel? —dice—. Si le dices *aunt*, no va a saber que te estás dirigiendo a ella.

7   Qué importa, piensa Miguel, no tendré mucho que decirle excepto "¡adiós!". Pero mejor se calla la boca. Sabe por qué mamá está mirando fijamente el plato hondo azul y no quiere molestarla a medio recuerdo.

8   —O sea que, Miguel, por favor —le dice mamá—, dile "tía Lola" y ya. ¿Okay?

9   Miguel asiente con la cabeza o quizá solo se aparta el pelo de los ojos con un movimiento brusco. Una de dos.

10   Es el último día de enero. Hace cuatro semanas, durante las vacaciones de Navidad, se mudaron de la ciudad de Nueva York a la casa de la finca que mami alquiló por teléfono de un corredor de fincas. Los padres de Miguel y Juanita se están divorciando y a mami la han contratado como psicóloga de una universidad pequeña de Vermont. Papi es un pintor que por las noches instala las decoraciones de las vitrinas de los grandes almacenes de la ciudad.

11   Todas las mañanas, en lugar de ir andando a la escuela como solían hacer en Nueva York, Miguel y Juanita esperan la guagua escolar junto al buzón. Todavía está oscuro cuando se montan en ella y van por el camino de tierra hacia el pueblo, pasando por la crianza de ovejas de la finca vecina. También está oscuro cuando vuelven al final del día y entran solos a la casa fría. A mami no le parece bien que Miguel y Juanita estén solos sin una persona adulta, y es sobre todo por eso que ha invitado a tía Lola a visitarlos.

12   ¿No sería mejor pedirle a papi que se quedara con ellos?, a Miguel le gustaría sugerir. En realidad no comprende por qué sus padres no siguen casados, aunque no se lleven bien. Después de todo, él no se lleva muy bien que digamos con su hermana menor, pero mamá siempre dice: "¡Juanita es de tu familia, Miguel!". ¿Por qué no opina lo mismo de papi? Pero Miguel no se atreve a sugerirlo. Hoy día

mami llora por cualquier cosa. La primera vez que llegaron a esta vieja casa de paredes blancas y descascaradas, a mami se le aguaron los ojos.

13 —Parece que está embrujada —exclamó Juanita ahogando un grito.

14 —Parece un basurero —corrigió Miguel a su hermanita—. Ni Drácula viviría aquí —pero entonces, al ver la cara triste de mamá, agregó con rapidez—: ¡Así que no hay que tener miedo de los fantasmas, Nita!

15 Mamá sonrió a pesar de las lágrimas, agradeciéndole su comprensión. Después de vaciar y ordenar el contenido de algunas de las cajas, la familia se sienta a cenar. Cada uno ha escogido la lata que quiere llevar a la mesa: Juanita, unos *spaghettis*; mamá, unas habichuelas rojas, y Miguel, una lata de papitas fritas Pringles.

16 —Solo por esta noche, para acabar de instalarnos antes de que llegue tía Lola —dice mamá para explicar esta cena tan rara.

17 De noche, llega tan tarde del trabajo que le queda poco tiempo para vaciar las cajas de la mudanza y cocinar. Casi siempre han estado comiendo en el pueblo en el restaurante Rudy's. El dueño, Rudy, un hombre amigable y de mejillas sonrosadas, les ha hecho una oferta especial.

Lectura de estudio de palabras 1

Recuerda hacer tus anotaciones mientras lees.

Notas

Texto informativo: Estudios sociales

El distrito de La Misión

1 ¡Vayamos al distrito de la Misión de San Francisco, California! Esta comunidad del centro de la ciudad se llama así por una antigua casa de misioneros. Es el hogar de muchos latinos que lo han habitado por décadas. Hoy, La Misión atrae a visitantes de todo el mundo. La comida es una de sus atracciones principales. En las calles, los ricos aromas de la comida mexicana pueblan el aire. Los restaurantes sirven tamales y tacos tradicionales; los panaderos ofrecen sabrosos pasteles mexicanos.

2 Los eventos especiales también atraen a los turistas. Cada año, durante la primera semana de noviembre, la comunidad celebra un festival cultural. Mientras los asistentes pasean por las calles, pueden apreciar el trabajo de los pintores o escultores locales. En mayo, se festeja un carnaval; las multitudes disfrutan de la comida de los vendedores ambulantes, y músicos, bailarines y actores las entretienen.

3 Sin embargo, La Misión es más que comida y fiestas. También es un barrio. Trabajadores, empresarios y familias lo han convertido en su hogar. En el Parque Dolores, los latinos se reúnen para jugar al fútbol, beber chocolate dulce y comentar temas de actualidad. Murales y obras de arte por y sobre latinos llenan los espacios al aire libre. Las tiendas venden libros en español. El distrito de La Misión es una próspera comunidad y sede de un pueblo orgulloso de sus raíces.

DesarrollaPiensaEscribe

Ampliar los conocimientos

Compara y contrasta la comunidad ficticia de Vermont en "Tía Lola" y la comunidad real de St. Augustine, Florida, descrita en "Un recorrido por mi comunidad". Incluye el tamaño, los tipos de negocios y las actitudes del personaje principal.

Florida frente a Vermont	
Vida en Florida	**Vida en Vermont**

Piensa

¿Qué es una comunidad?

Con base en los textos de esta semana, anota otras ideas y preguntas que tengas sobre la pregunta esencial.

_____
_____
_____
_____
_____

Escribir basándote en las fuentes

Texto informativo/explicativo

"Un recorrido por mi comunidad", "De cómo tía Lola vino (de visita) a quedarse" y el texto de la Unidad 1 "Trabajar juntos" presentan diferentes imágenes de lo que es una comunidad. Escribe un ensayo en el que comparas y contrastas estas imágenes.

Lectura larga 1

Recuerda hacer tus anotaciones mientras lees.

Notas

Todo tipo de comunidades

Lisa Benjamin

1   Alrededor del mundo la gente vive en diferentes tipos de comunidades. Una comunidad es el sitio donde uno vive: puede ser una ciudad populosa, un pequeño pueblo o, en algún lugar intermedio entre ambas, un suburbio.

2   Las comunidades de Estados Unidos varían en muchos aspectos, aparte del tamaño. A veces, es la tierra y el ambiente físico: algunas comunidades están en el centro del país; otras, en las costas. Algunas son frías durante casi todo el año; otras permanecen cálidas. Algunas son humedales lluviosos; otras, desiertos secos.

3   A veces son los tipos de trabajos los que hacen diferente a una comunidad. Por ejemplo, muchas personas en Gloucester, Massachusetts, viven de la pesca. Eugene, Oregón, está en una región de bosques en donde los aserraderos son un buen negocio.

Millones de personas viven en esta comunidad.

Solamente unos pocos miles de personas viven en esta comunidad.

Texto informativo: Estudios sociales

4   A veces es la población, o la gente, la que hace diferente a una comunidad. En algunos pueblos, muchos residentes nacieron y se criaron en la región. Tienen sus tradiciones, formas especiales de hacer las cosas. En algunas ciudades, muchos habitantes son nuevos. Han llegado de todo el mundo para vivir allá. Traen consigo su propia cultura, o manera de hacer las cosas.

5   Sin embargo, todas las comunidades tienen algo en común; cada una de ellas es un sitio que la gente llama hogar.

6   Contacta a tres personas de diferentes comunidades de Estados Unidos. Pídeles que te digan por qué sus pueblos son especiales.

Notas

Gabriel García, Los Angeles, CA

Keisha Paul, St. Louis, MO

Mason Streeter, Farmersville, TX

13

Farmersville, una comunidad rural

Mason Streeter

7   Mi pueblo, Farmersville, está en una zona rural al norte de Texas. Rural significa que está en el campo, pero eso no quiere decir que seamos "pueblerinos". Dallas queda únicamente a 35 millas de distancia; podemos conducir hasta allá en media hora.

Farmersville es un pueblo rural del norte de Texas. En 2010, su población era de 3,301 habitantes.

8   Como indica su nombre, hay muchas granjas en mi pueblo. Desde 1849, los granjeros lo han llamado hogar. Mi tátara-tátara- (y quizás otro tátara más) abuelo llegó acá entonces. La tierra negra y fértil era perfecta para cultivar. Los primeros colonos cultivaron algodón, que se convirtió en parte importante de la economía regional. Una economía incluye a todos los negocios y trabajadores regionales.

Hay mucho campo abierto en Farmersville.

El fútbol y las animadoras son populares en Farmersville.

9   El algodón reinó acá hasta 1925. Un granjero sembró cebolla y logró una gran cosecha. Pronto otros la sembraron. El cultivo tuvo tanto éxito que la comunidad inauguró en 1935 el Festival de la Cebolla. Ahora, cada año, tenemos el Old Time Saturday. La gente se viste y vive como antes de que hubiera televisión.

10   Aun ahora, muchos en Farmersville trabajan el campo. Todavía la cebolla es un cultivo importante, junto con el algodón y el maíz. El primer sábado de cada mes, los granjeros venden sus productos en el mercado local llamado el Galpón de la Cebolla. Llega gente de todas partes, incluso de grandes ciudades como Dallas, a comprar alimentos recién cosechados.

St Louis, una comunidad ribereña

Keisha Paul

St. Louis es una gran ciudad al este de Missouri.

11   El río Mississippi atraviesa el centro de Estados Unidos. Muchas comunidades han crecido a orillas de este poderoso río. St. Louis, en Missouri, es una de las mayores. Casi tres millones de personas viven en o alrededor de la ciudad. ¡Yo soy una de ellas!

12   El río Mississippi pasa por el medio de mi ciudad. Con tan fácil acceso al agua, no sorprende que muchas personas disfruten pescando y navegando en barco.

St. Louis es una gran ciudad al este de Missouri.

13 El Mississippi ha influido en la comunidad de otras maneras también. Atrajo a muchas personas al área desde comienzos del siglo XVIII. El río también fue el punto de partida de quienes iban al Oeste en el siglo XIX. Así fue que St. Louis obtuvo el apodo "Puerta del Oeste". Actualmente, la llaman "la Ciudad Puerta". Los nativos como yo preferimos el más corto, "St Louie".

14 El río Mississippi también ayudó a crear negocios. Se construyeron industrias en sus riberas. También, los barcos iban y venían para llevar mercancías. Así que la manufactura y la navegación se volvieron dos industrias importantes en la comunidad.

15 Las fábricas aún producen carros y otros productos. Los barcos aún transportan petróleo, carbón y otros bienes. La banca, la ciencia y la medicina también son fundamentales para la economía.

El trabajo en fábricas es parte importante de la economía de St. Louis.

16 El turismo es otro negocio importante. Llegan visitantes de todo el mundo para ver el poderoso Mississippi y otros sitios, como el famoso Gateway Arch. Llegan aficionados de lejos y cerca para ver el béisbol (¡como yo!) y a nuestro equipo, los Cardenales. ¡Arriba, Red Birds!

Los Ángeles, una comunidad diversa

Gabriel García

Los Ángeles es una ciudad extensa del sur de California.

17   Los Ángeles es una de las ciudades más grandes del país. Casi cuatro millones de personas viven en la ciudad. Alrededor de seis millones más residen en las áreas cercanas. Muchos trabajan en industrias creativas como el cine y la televisión.

18   La población de Los Ángeles (L.A.) no solamente es grande, sino diversa. Eso quiere decir que la comunidad está formada por diferentes tipos de personas. En L.A. se hablan más de 200 lenguas.

19   Los nativoamericanos fueron los primeros en asentarse allí. Los colonizadores españoles llegaron en el siglo XVII. Ellos llamaron a este lugar "Los Ángeles". Desde entonces, muchos otros grupos han llegado acá. ¿Por qué no? ¡El clima es maravilloso! Es soleado y caluroso todo el año.

Los Ángeles es una ciudad pujante que cubre una gran área.

Ensayo personal

En mayo, Los Ángeles realiza la celebración del Cinco de Mayo.

Notas

20   Hoy, los hispanos forman el mayor grupo. Muchos residentes hispanos nacieron y crecieron en L.A., incluso yo. Mi familia llegó de México hace mucho tiempo. Otros más recientes han venido desde América Central y otros lugares. Por tanto, la ciudad tiene una pujante población inmigrante. Los inmigrantes han traído su cultura y han ayudado a que se vuelva un sitio divertido.

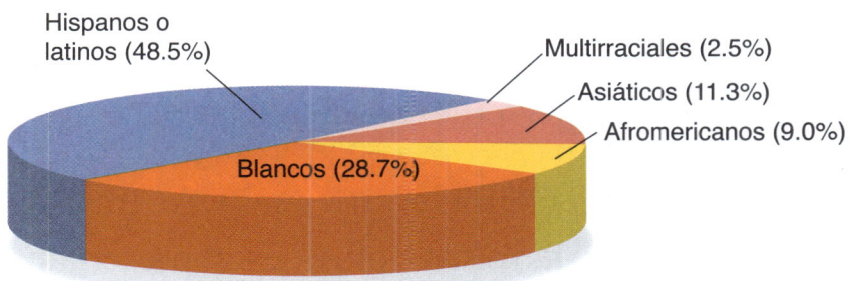

Esta gráfica circular muestra diferentes grupos de personas que viven en Los Ángeles.

21   A lo largo de los años, los "angelinos" disfrutan de desfiles y festivales. Por ejemplo, el Cinco de Mayo se honran las tradiciones de México. El Desfile del Dragón de Oro conmemora el Año Nuevo chino. Estos eventos demuestran la rica cultura de mi comunidad diversa.

Lectura de estudio de palabras 2

Recuerda hacer tus anotaciones mientras lees.

Notas

Texto informativo: Estudios sociales

La Casa de Levi Coffin

1   En una calle de lo que hoy es Fountain City, Indiana, hay una casa de ladrillos rojos. La casa es vieja y sencilla, pero es una parte importante del pasado de Estados Unidos: es la Casa de Levi Coffin. Esta era una de las estaciones principales del Ferrocarril Subterráneo.

2   El Ferrocarril Subterráneo era una red de individuos que ayudaba a escapar a los esclavos en el siglo XIX. A esta red se la llamaba "subterránea" porque era secreta; tenía "estaciones" o sitios seguros, donde los prófugos se escondían. Cuando estas personas pasaban de una a otra "estación", recibían alojamiento y ayuda. Levi Coffin era parte importante de esta red; aunque sabía que eso era ilegal, ayudó a los prófugos desde 1826. Se oponía a la esclavitud y, como no tenía en cuenta los peligros, asumía muchos riesgos por sus creencias.

3   En 1839, Coffin y su esposa se trasladaron a la casa de ladrillos rojos. Esta presentaba características ideales para sus necesidades: tenía ocho habitaciones, muchas de ellas con dos salidas; espacios de almacenamiento, donde podía esconder gente, y, también, un ático grande. Los vecinos de Coffin cosían ropas nuevas para los prófugos. Estos comían y dormían tranquilamente y, pasados días o semanas, se iban. Se dice que todo aquel que se ocultó en la casa de Levi Coffin logró su libertad. Actualmente, la casa es un Monumento Histórico Nacional.

DesarrollaPiensaEscribe

Ampliar los conocimientos

Compara las tres comunidades sobre las que leíste y luego desarrolla un argumento sobre aquella en la que te gustaría vivir. Incluye hechos específicos para apoyar tu opinión.

En qué se diferencian las comunidades			
Ciudad	**Farmersville**	**St. Louis**	**Los Ángeles**
Zona del país			
Tipo de comunidad/ Tamaño			
Negocios			
Gente/Cultura			
El mejor lugar para vivir es _____ porque _____.			

Piensa

¿Qué es una comunidad?

Con base en los textos de esta semana, anota otras ideas y preguntas que tengas sobre la pregunta esencial.

_____
_____
_____
_____
_____

Escribir basándote en las fuentes

Narrativa

Imagina que Miguel, de "De cómo tía Lola vino (de visita) a quedarse"; Lisa Benjamin, de "Un recorrido por mi comunidad", y uno de los estudiantes de "Todo tipo de comunidades" vienen a hablar de dónde viven. ¿Cómo describiría cada uno su comunidad? Escribe una escena teatral en la que los personajes hablen de sus comunidades. Utiliza detalles de cada texto para ayudarte a escribir.

Cuando yo llegué

Yanitzia Canetti

1   Cuando llegué, había tantas nubes en el cielo que ya no cabía ni una más. Los pájaros volaban de un lado al otro sin saber dónde quedaba el norte, el sur, el este o el oeste. Y llovió tanto ese día que las ranas saltaban de charco en charco, como si fuera el día más feliz de sus vidas.

2   Nosotros veníamos de México. Mis padres decidieron trabajar en los Estados Unidos y empezar aquí otra vez. "Empezaremos de cero", dijo mi padre.

3   Yo no quería dejar el rancho, ni a los amigos, ni al sol del amanecer —rojo como una sandía—, pero mis padres me dijeron que en los Estados Unidos también amanecía retelindo y que tendría muchos amigos en mi nueva escuela.

4   México quedó atrás. Allí se quedaron mis abuelos. Y mi tío Antonio, que tanto me hacía reír con sus bromas... y la prima Ana Rosa, con la que jugaba a la cuerda... y mi gallina pinta, que alborotaba en todo el gallinero cuando ponía un huevo.

5   A todos les dije adiós y los abracé bien fuerte para que no se me olvidara cómo abraza la gente de México.

6   Mi familia rentó un departamento pequeño, sin patio. Yo extrañaba México, a mis primos,

Ficción realista

a mis abuelos... a la gallina pinta... ¡y al sol! Aquí el cielo era menos azul y el sol del amanecer se parecía más a una yema de huevo que a una sandía.

7   El clima también era diferente. El aire soplaba más frío y no olía a fruta como en Jalisco. Aquí llovía a cada rato. Allá no. Allá la lluvia se demoraba mucho en caer, pero cuando caía, ¡caía con ganas! Mis hermanos, mis primos y yo salíamos a correr bajo la lluvia. Luego nos subíamos a una pequeña colina y esperábamos a que se desinflaran las nubes. Y de pronto aparecía el arcoíris, de un lado al otro del río.

8   Mi prima Ana decía que ella iba a atravesar el río por el color violeta. Y yo, por el color anaranjado. Mis hermanos discutían porque los dos querían ir por el rojo. Todos soñábamos cruzar el río por el arcoíris hasta llegar a no sé cuál mundo en el que todos los colores brillaran por igual.

9   —La semana que viene empezarás en tu escuela —me dijo un día mi papá—. ¡Y tendrás nuevos amigos!

10   —Pero yo no quiero nuevos amigos —protesté—. Yo quiero a mis amigos de toda la vida.

11   La semana pasó más lenta que una vaca lechera. El primer día de clases, yo no conocía a nadie, ¡ni falta que me hacía! Mi madre me despidió y me dijo que iba a estar bien. Pero yo no pensaba lo mismo. Quería llorar... no lloré porque en ese momento una niña rubia y delgadita se me acercó y me preguntó mi nombre.

12   —Me llamo Guadalupe López Lara —le dije—, pero me dicen Lupe.

13   Yo también le iba a preguntar su nombre, pero llegaron unos niños que hablaban inglés y la niña se fue con ellos a conversar. Yo no hablaba inglés.

14   Ese día me aburrí mucho. Cuando mi papá fue a buscarme, me preguntó:

15   —¿Te gustaron tus nuevos amigos?

Ficción realista

16 —¡No, no y no! ¡Son más aburridos que los guajolotes! —le dije.

17 —No los conoces bien —me dijo mi papá— Pronto cambiarás de opinión y verás que son divertidos.

18 Pero yo no pensaba lo mismo.

19 Al día siguiente la maestra nos pidió que hiciéramos un dibujo. Yo pinté el rancho de mis abuelos. También pinté el sol del amanecer, rojo como una sandía.

20 A la maestra le gustó mucho mi dibujo. Y a Kevin le encantó. ¡Y Lucy me dijo que el gallo me había quedado muy bonito! Yo le aclaré que era una gallina pinta y a ella le dio risa.

21 Días después mi clase hizo una excursión a Los Ángeles.

22 Vimos los rascacielos, que son edificios que chocan con las nubes. Había mucha gente en la calle, y muchos carros, y muchas tiendas, y mucho ruido. De regreso, ¡pasamos por una plaza donde había música mexicana! ¡Hasta vendían tacos y agua de lima!

23 Pasaron varios lunes, primero muy lentos, y luego más rápido. Hasta que las semanas se me fueron volando.

24 Un viernes, la maestra me pidió que bailara algo de mi país en el teatro de la escuela. ¡Qué suerte que yo me sabía un zapateado que me enseñó mi tía Lala! Lo bailábamos en grupo, en las fiestas. Pero ahora tendría que bailarlo yo sola.

25 Practiqué un mes entero. Mi hermano Nando me ayudó a ensayar los pasos.

26 —¡Ya casi lo haces mejor que yo! —me animó—. A todos les va a encantar tu baile, Lupe.

27 Pero yo no pensaba lo mismo.

28 Por fin llegó el día. El teatro estaba lleno. ¿Les gustaría mi baile? ¿Me acordaría de todos los pasos?

29 —Me llamo Guadalupe López Lara y vengo de México —dije cuando me tocó el turno de salir al escenario—. Bailaré un zapateado de Jalisco.

30 La música comenzó y yo me quedé parada

sin saber por dónde empezar. Kevin estaba a mi lado y me susurró: "Dale, Lupe, lo harás bien". Pero yo no pensaba lo mismo.

31   La música seguía y yo no me movía del lugar. Tenía los pies pegados al piso. Todos me miraban y algunos murmuraban. De pronto sentí un taconeo detrás del telón. Me asusté y miré hacia dónde venía el taconeo. Era mi hermano Nando. Se había subido al escenario y taconeaba detrás de las cortinas.

32   De pronto, mis pies empezaron a moverse. Mi falda de flores giraba por los aires. Mis pies se deslizaban *tiqui tiqui taca taca tiqui tiqui taca taca*. Yo daba cada vez más vueltas y vueltas. Me sentía como en las fiestas del rancho, cuando todos los de la familia bailábamos como trompos. Mis pies iban solos sin parar de taconear: *tiqui tiqui taca taca*. Parecía que un pie conversaba con el otro, que un tacón preguntaba y el otro respondía. En una de las vueltas que di por el escenario, vi a mi hermano Nando detrás de la cortina. Me miraba sorprendido y me decía: "¡Órale, mi Lupe!".

33   La música terminó y mis pies se detuvieron. Entonces se escuchó otro ruido, el de los aplausos. La gente gritaba y no paraba de aplaudir, ¡hasta se pusieron de pie! Mis amigos corrieron a felicitarme. Yo no lo podía creer. Mi corazón era un tambor.

34   Desde ese día tengo un montón de amigos. Y aprendí inglés rapidísimo; ya lo hablo como si lo supiera de toda la vida.

35   Ya pasó un año desde que llegué. ¡Qué rápido pasa el tiempo!

36   Mis padres rentaron un departamento nuevo, más grande y con balcón a la calle. No es como el patio del rancho, pero tiene una vista muy bonita a la ciudad.

37   Hoy es lunes. Yo estoy yendo ahora mismo a la escuela. En la mochila llevo una carta que recibí ayer para compartirla con mis amigos. Me la mandó Abuela Chayito. Dice que mi prima Ana ganó un concurso de canto; que el tío Toño vendió a *Casco*, el caballo viejo, y que compró un potrillo medio loco; que el abuelo tuvo catarro pero que ya está mejor, que le ha dado por sembrar girasoles en el patio. Y que

Ficción realista

la gallina pinta sigue igualita de escandalosa cada vez que pone un huevo.

38   Mientras camino, miro el cielo de California. Está repleto de nubes como cuando yo llegué, pero parece más grande; caben las nubes que vienen desde lejos, empujadas por el viento.

39   Llego a la escuela y enseguida veo a mis amigos. Nos saludamos con un abrazo o una frase tonta que nos hace reír. Mi padre me mira y me dice:

40   —Creo que tus nuevos amigos son divertidos, ¿no?

41   Pero yo no pienso lo mismo. ¡Yo pienso que son divertidísimos!

Lectura de estudio de palabras 3

Recuerda hacer tus anotaciones mientras lees.

Notas

Libro de memorias

El viento y las flores silvestres

1   El pasto largo se mece suavemente al viento. Veo coloridas flores silvestres que brotan entre los tallos. La primavera es hermosa en la pradera. Casi me hace olvidar el terrible invierno que acaba de pasar.

2   Fue mi primer invierno en la pradera. Papá y el tío Paul habían llegado aquí antes que mamá y yo. Construyeron una casa de césped para que viviéramos. Unos vecinos les prestaron un arado para cortar los ladrillos de césped de la pradera, las raíces y lo demás. ¡Necesitaban cerca de 3,000 ladrillos! Los apilaron para formar las paredes. Incluso el techo de la casa fue construido con césped. Cuando mamá y yo llegamos, la pequeña vivienda ya estaba lista y en temporadas frías adentro hacía un calor sorprendente. Un vecino, el señor Jacobs, le enseñó a mamá a recoger boñiga seca y quemarla para obtener calor. Después, cuando la nieve comenzaba a caer, mamá llamaba a la señora Jacobs y a sus hijas. Se aseguraba de que esa familia tuviera suficiente comida; allá todos hacen eso por sus vecinos.

3   Por fin, el suelo se deshiela y pronto llegará el verano. Con suerte, obtendremos la lluvia necesaria para nuestros cultivos. Sin embargo, el clima cálido también trae tormentas y, posiblemente, incluso un tornado o dos. ¡El viento nunca deja de soplar! No es fácil vivir aquí; sin embargo, cuando me detengo a mirar fijamente las praderas al amanecer, sé que este lugar ha robado ya mi corazón.

DesarrollaPiensaEscribe

Ampliar los conocimientos

Responde a las preguntas 1–4 para ayudarte a organizar tus pensamientos sobre la llegada de Guadalupe desde su rancho de México a Los Ángeles.

Los pensamientos de Guadalupe sobre la comunidad	
1. ¿A qué tipo de comunidad se ha mudado Guadalupe?	2. ¿Cómo era la comunidad donde vivía antes Guadalupe?
3. ¿En qué se parecen las dos comunidades? ¿En qué se diferencian?	4. ¿Cuál es la opinión de Guadalupe sobre cada comunidad?

Piensa

¿Qué es una comunidad?

Con base en los textos de esta semana, anota otras ideas y preguntas que tengas sobre la pregunta esencial.

_____
_____
_____
_____

Escribir basándote en las fuentes

Opinión

En "Un recorrido por mi comunidad", "De cómo tía Lola vino (de visita) a quedarse", "Cuando yo llegué" y el texto de la Unidad 1 "Trabajar juntos", aprendiste sobre diferentes tipos de comunidad. ¿Cuál de estas comunidades preferirías visitar? Escribe un ensayo de opinión y usa detalles de los textos para explicar tu decisión.

Desarrollo del idioma español

Pautas para la investigación/ Utilizar hechos y detalles

▶ "Un recorrido por mi comunidad", "De cómo tía Lola vino (de visita) a quedarse" y el texto de la Unidad 1 "Trabajar juntos" presentan diferentes imágenes de lo que es una comunidad. Escribe un ensayo en el que comparas y contrastas estas imágenes.

En la tabla que aparece a continuación escribe algunas de las imágenes de las lecturas y en la columna derecha escribe por qué son importantes para tu ensayo.

Imagen	Por qué es importante
estudiante con saco de arena, pág. 5, Unidad 1	
los edificios más antiguos, pág. 5, Unidad 7	

Cognado

imagen	
imaginar	
imaginario	

¿Qué otros derivados de la palabra *imaginar* conoces?

¿Son todos cognados?

Usar detalles de las imágenes para apoyar tu ensayo informativo

Detalles de la imagen	Lo que uso para apoyar mi texto informativo

Entre compañeros

- En la página _____ del texto dice que _____.
- Creo que es importante porque _____.
- Este detalle apoya mi texto informativo sobre _____.

Organizar el ensayo informativo

Usar elementos e ideas para planificar el ensayo

Elementos del ensayo	Mis ideas
Introducción (plantea comparación de actitudes)	
Párrafo 1 del cuerpo (actitud texto Unidad 1)	
Párrafo 2 del cuerpo (actitudes textos Unidad 7)	
Conclusión (resumen de similitudes y diferencias)	

> **Entre compañeros**
> - Hago una comparación de _____.
> - Los detalles en que baso mi texto son _____.
> - La conclusión de mi ensayo es que _____.

Palabras que ayudan a hacer comparaciones en mi ensayo informativo

Para señalar…	…usa estas palabras
actitudes de los personajes	responsabilidad, consideración, orgullo, afortunado, no molestar, no comprende
detalles de apoyo	equipo, trabajo conjunto, hogar, sol, historia, casa fría, vida diferente
mi conclusión	por un lado, por otro lado, me parece, creo, puede ser

> **Entre compañeros**
> - Voy a usar las palabras _____ para apoyar mi comparación de _____ de la siguiente manera: _____.

Desarrollo del idioma español

Ampliar el vocabulario académico

Las primeras personas que establecieron una comunidad se fijaron ante todo en las características del lugar. Nos podemos apoyar en las siguientes palabras para escribir un ensayo informativo sobre esos momentos iniciales del asentamiento de una comunidad.

Palabra	Una oración con la palabra
explorador(a)	
Fahrenheit	
pantano	

Entre compañeros
- Para mí la palabra ____ quiere decir ____.
- Por ejemplo, ____.

Acento diacrítico en palabras homófonas

El acento diacrítico se emplea para distinguir significados en pares de palabras, frecuentemente monosílabas, que suenan igual aunque tienen distintos significados. Si no utilizamos correctamente el acento diacrítico es posible que no se entienda correctamente el sentido de la oración.

Palabras homófonas			
Sin acento	Tipo de palabra	Con acento	Tipo de palabra
mi	adjetivo posesivo	mí	pronombre personal
de	preposición	dé	del verbo *dar*
tu	adjetivo posesivo	tú	pronombre personal
mas	conjunción (=pero)	más	adverbio de cantidad
se	pronombre	sé	del verbo *ser* o del verbo *saber*
el	artículo	él	pronombre personal

Entre compañeros

Construye 4 oraciones usando 2 palabras homófonas.

Utilizar las normas del español

Formar y usar grados positivo, comparativo y superlativo de adjetivos y adverbios

Positivo	Comparativo	Superlativo
limpio (adj.)	más/menos limpio que	limpísimo
temprano (adv.)	más/menos temprano que	tempranísimo
rápidamente (adv.)	más/menos rápidamente que	rapidísimamente

Entre compañeros

Escribe el adjetivo o adverbio positivo, comparativo o superlativo que corresponda en cada caso.

- Aquí tienes un gorro ___ grande ___ el que llevas.
- Aquel fue el día _____ frío de todo el invierno.
- Sé prudente, no manejes tan _____.

Banco de palabras

deprisa

tan como

más

¡Tu turno!

1. Subraya los adjetivos que encuentres en las siguientes oraciones.

2. Marca con una X si los adjetivos son comparativos o superlativos.

Piensa: Este párrafo trata sobre unos hermanos que llegan a una comunidad nueva. Es un fragmento de ensayo informativo en el que se usan adjetivos comparativos y superlativos.

	Comparativo	Superlativo
Lucas y Marcos son hermanos. Lucas es el menor.		
A los dos les parece que su nueva ciudad es bellísima. ¡Y además hace mejor tiempo que en su ciudad de origen!		
Los dos hermanos están felices de vivir en un lugar donde se pueden hacer tantísimas actividades al aire libre.		
Marcos es el más alto de su clase, por eso le invitaron a jugar en el equipo de basquetbol de la escuela.		

Apoyo para la conversación colaborativa

Pautas de conversación

Comparte una nueva idea u opinión...

Creo que _____.

Noto que _____.

Mi opinión es _____.

Un suceso importante fue cuando _____.

Toma la palabra...

Me gustaría añadir _____.

Disculpa por interrumpir, pero _____.

Eso me hace pensar que _____.

Amplía la idea u opinión de un compañero...

También creo que _____.

Además, _____.

Otra idea es _____.

Expresa acuerdo con la idea de un compañero...

Estoy de acuerdo con [Nombre] porque _____.

Estoy de acuerdo en que _____.

Pienso que es importante porque _____.

Expresa desacuerdo mostrando respeto...

No estoy de acuerdo con [Nombre] porque _____.

Entiendo tu punto de vista, pero creo que _____.

¿Tuviste en cuenta que _____?

Haz una pregunta aclaratoria...

¿Qué quisiste decir cuando dijiste _____?

¿Estás diciendo que _____?

¿Puedes explicar qué quieres decir con _____?

Aclara para los demás...

Quise decir que _____.

Estoy tratando de decir que _____.

Roles del grupo

Director de debate:
Tu rol es guiar la conversación del grupo y estar seguro de que todos tienen la oportunidad de participar.

Redactor:
Tu trabajo es anotar las ideas y comentarios que comparten los miembros del grupo.

Moderador:
Controlarás el tiempo que ha pasado y ayudarás a tus compañeros a seguir con el debate.

Animador:
Tu rol es motivar y apoyar a los miembros de tu grupo.

Qué significa cada palabra

Palabra	Mi definición	Mi oración
aburrí (p. 24)		
diversa (p. 18)		
alojamiento (p. 20)		
agradeciéndole (p. 9)		
inmigrante (p. 19)		
ensayar (p. 25)		
pujante (p. 18)		
tradiciones (p. 13)		
ocultó (p. 20)		
sorprendente (p. 6)		

Ampliar los conocimientos a través de 10 temas relacionados

Gobierno y ciudadanía

Un gobierno para el pueblo

Personajes
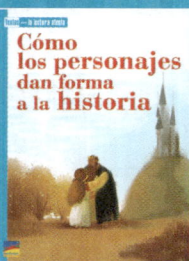
Cómo los personajes dan forma a la historia

Biociencias

Los animales se adaptan al medio

Puntos de vista
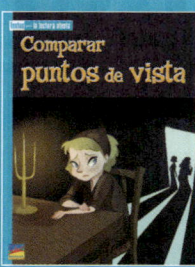
Comparar puntos de vista

Tecnología y sociedad
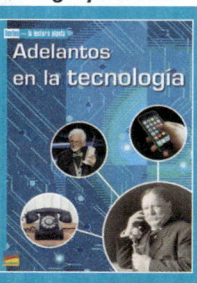
Adelantos en la tecnología

Temas
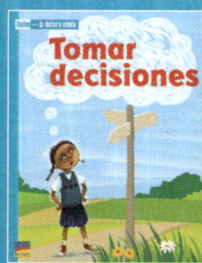
Tomar decisiones

Historia y cultura

Las comunidades antes y ahora

Ciencias de la Tierra
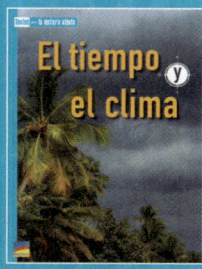
El tiempo y el clima

Economía

El uso del tiempo y del dinero

Ciencias físicas

FUERZAS e interacciones

BENCHMARK EDUCATION COMPANY

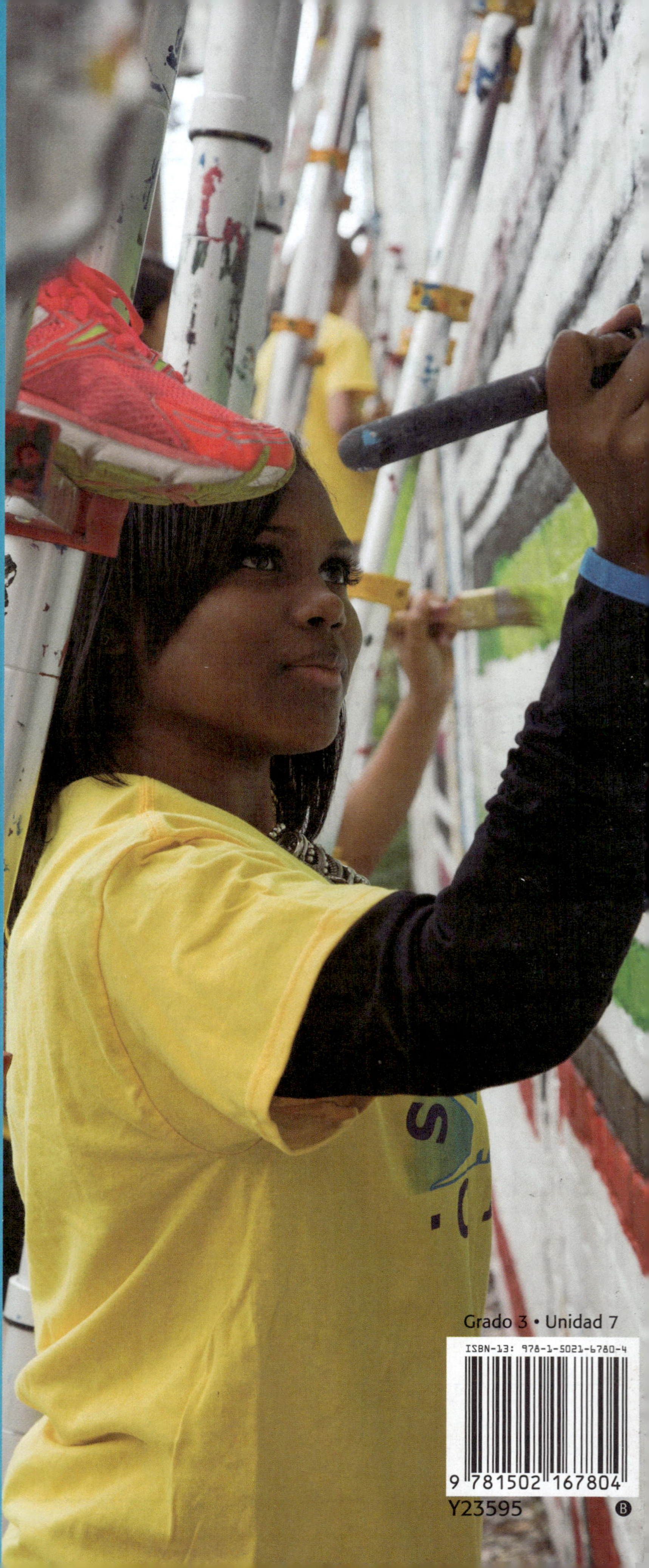

Grado 3 • Unidad 7

ISBN-13: 978-1-5021-6780-4